BEI GRIN MACHT SICH IHR WISSEN BEZAHLT

- Wir veröffentlichen Ihre Hausarbeit, Bachelor- und Masterarbeit

- Ihr eigenes eBook und Buch - weltweit in allen wichtigen Shops

- Verdienen Sie an jedem Verkauf

Jetzt bei www.GRIN.com hochladen und kostenlos publizieren

Bibliografische Information der Deutschen Nationalbibliothek:

Die Deutsche Bibliothek verzeichnet diese Publikation in der Deutschen Nationalbibliografie; detaillierte bibliografische Daten sind im Internet über http://dnb.d-nb.de/ abrufbar.

Dieses Werk sowie alle darin enthaltenen einzelnen Beiträge und Abbildungen sind urheberrechtlich geschützt. Jede Verwertung, die nicht ausdrücklich vom Urheberrechtsschutz zugelassen ist, bedarf der vorherigen Zustimmung des Verlages. Das gilt insbesondere für Vervielfältigungen, Bearbeitungen, Übersetzungen, Mikroverfilmungen, Auswertungen durch Datenbanken und für die Einspeicherung und Verarbeitung in elektronische Systeme. Alle Rechte, auch die des auszugsweisen Nachdrucks, der fotomechanischen Wiedergabe (einschließlich Mikrokopie) sowie der Auswertung durch Datenbanken oder ähnliche Einrichtungen, vorbehalten.

Impressum:

Copyright © 2017 GRIN Verlag
Druck und Bindung: Books on Demand GmbH, Norderstedt Germany
ISBN: 9783668670693

Dieses Buch bei GRIN:

https://www.grin.com/document/418145

Christopher Jochmann

Zwischen Schamgefühl und Verzweiflung. Langzeitarbeitslosigkeit und die Schwierigkeit der Teilnahme am gesellschaftlichen, kulturellen und sozialen Leben

GRIN Verlag

GRIN - Your knowledge has value

Der GRIN Verlag publiziert seit 1998 wissenschaftliche Arbeiten von Studenten, Hochschullehrern und anderen Akademikern als eBook und gedrucktes Buch. Die Verlagswebsite www.grin.com ist die ideale Plattform zur Veröffentlichung von Hausarbeiten, Abschlussarbeiten, wissenschaftlichen Aufsätzen, Dissertationen und Fachbüchern.

Besuchen Sie uns im Internet:

http://www.grin.com/

http://www.facebook.com/grincom

http://www.twitter.com/grin_com

Hochschule Fulda

Fachbereich Sozialwesen

Abgabetermin: 31.08.2017

Zwischen Schamgefühl und Verzweiflung - Langzeitarbeitslosigkeit und die Schwierigkeit der Teilnahme am gesellschaftlichen, kulturellen und sozialen Leben

Inhalt

Überblick 3

Langzeitarbeitslosigkeit in Deutschland – Eine Momentaufnahme 4

Lebensumbruch Erwerbslosigkeit – Was geschieht mit der
Lebensqualität? 5

Hilfemaßnahmen zur Wiedereingliederung Langzeitarbeitsloser –
Förderung durch den Europäischen Sozialfonds (ESF) am Beispiel des
„Bremer Geschichtenhauses" 6

Schlussbetrachtung → Ausblick 8

Literaturverzeichnis 9

Überblick

In dieser Hausarbeit geht es darum wie sich Erwerbslosigkeit, insbesondere in Form der Langzeitarbeitslosigkeit, auf das gesellschaftliche, kulturelle und soziale Leben auswirken und somit die Lebensqualität von Betroffenen einschränken kann. Das Thema wird in jedem Jahr vielfach kritisch diskutiert und betrachtet neben einer soziologischen, auch eine psychosoziale Ebene, wobei letztere im Besonderen für die Soziale Arbeit und Sozialpädagogik als ernstzunehmender Interventions- und Präventionspunkt zu betrachten ist.

Im Hinblick auf das benannte Thema stellt sich nun die folgende Frage: Sind Wiedereingliederungsmaßnahmen und- Projekte auf dem deutschen Arbeitsmarkt eine sinnvolle Option für Langzeiterwerbslose deren Lebensqualität und Motivation zu verbessern und ihnen somit mehr Chancen auf eine langfristige Beschäftigung einzuräumen?

Zudem wird eine Momentaufnahme der derzeitigen Situation von Langzeitarbeitslosen in Deutschland anhand aktueller Zahlen der Bundesagentur für Arbeit dargelegt, auch um einen Ausblick auf die weiterhin kritische Auseinandersetzung mit dem Thema Langzeitarbeitslosigkeit zu geben. Im Zuge dessen wird mittels eines aktuellen Beispiels, dem Bremer Geschichtenhaus, ermöglicht durch den bras e. V. und gefördert durch den Europäischen Sozialfonds (ESF), eine Option einer Vielzahl von Wiedereingliederungsmaßnahmen in Deutschland aufgezeigt.

In der Schlussbetrachtung folgt eine kurze persönliche Einschätzung der zu Beginn gestellten Frage und ein durch die vorangegangene Recherche kritischer Ausblick zu dem behandelten Thema.

Langzeitarbeitslosigkeit in Deutschland – Eine Momentaufnahme

Jedes Jahr werden von der Bundesagentur für Arbeit neue Zahlen und Statistiken zur Arbeitslosigkeit in Deutschland veröffentlicht, die immer wieder als Grundlage für kritische Diskussionen dienen. Für das Jahr 2016 lag die Zahl der Erwerbslosen bei 2.691.000 Menschen (vgl. Bundesagentur für Arbeit 2017). Aus den Statistiken des Jahres 2016 ist ersichtlich, dass davon 993.000 Menschen (vgl. Bundesagentur für Arbeit 2017), nach „[…] (§ 18 Abs. 1 SGB III) […]" (Delfs et al. 2016: 4), als langzeitarbeitslos bezeichnet werden und diese somit ca. 37 % der Gesamtzahl aller Arbeitslosen in Deutschland ausmachen.

Es wird von Langzeitarbeitslosigkeit gesprochen, wenn Menschen bereits seit mehr als einem Jahr über keinen sozialversicherungspflichtigen Arbeitsplatz mehr verfügen (vgl. Delfs et al. 2016: 4). Trotz der Bemühungen sich für ausgeschriebene Arbeitsplätze zu bewerben, ist es für Menschen, die schon längere Zeit ohne Erwerbstätigkeit sind, schwierig ein langfristiges Arbeitsverhältnis zu finden. Die Gründe dafür sind vielschichtig, da viele Langzeitarbeitslose auf der einen Seite für Arbeitgeber bereits zu lange Zeit aus dem Arbeitsleben ausgeschieden sind und über kaum oder gar keine Arbeitserfahrung verfügen oder sie auf der anderen Seite „[…] über sogenannte vermittlungshemmende Merkmale verfügen." (Delfs et al. 2016: 5). Diese Merkmale beschreiben Defizite in der Sprache, die Betreuungsverpflichtung von Kindern unter drei Jahren (vgl. Delfs et al. 2016: 5) oder auch persönliche Schicksalsschläge, wie schwere Unfälle, die zu einer eingeschränkten Arbeitsfähigkeit oder gar einer geistigen, physischen oder psychischen Beeinträchtigung geführt haben.

Lebensumbruch Erwerbslosigkeit – Was geschieht mit der Lebensqualität?

In der Pädagogik ist oft die Rede von Lebensübergängen, sogenannten Transitionen, wenn maßgebliche Veränderungen im Leben eintreten und diese Hürden des Lebens gemeistert werden müssen – Arbeitslosigkeit kann auch als eine solche bezeichnet werden. Der abrupte Verlust von Status, Selbstwertgefühl und Sicherheit bestimmt ab sofort den Alltag, der Entzug der Sicherheit, den die Arbeit bereithielt, über ein geregeltes Einkommen, eine Sozial- und Rentensicherung zu verfügen, möglicherweise auch die Tätigkeit die gerne ausgeübt wurde und vor allem die Tatsache gebraucht zu werden, nützlich zu sein, verschwinden innerhalb von kurzer Zeit. Dieser Negativabschnitt im Leben eines Menschen kann zum Auslöser oder Katalysator psychischer Störungen und Identitätskrisen, einem „[…] Kampf in und mit sich selbst" (Rogge 2013: 192 f.), werden und auf diese Weise Chancen auf zukünftige Beschäftigungsmöglichkeiten verwehren.

Bereits Aristoteles war es, der den Menschen als „Zoon politikon", als geselliges und soziales Wesen, bezeichnete, welches die Gesellschaft anderer benötigt, um kommunizieren, sich (weiter-)entwickeln und lernen zu können. Durch die eintretende Arbeitslosigkeit ziehen sich viele Betroffene, nach einer Weile in diesem Zustand, aus ihrem aktiven Leben und sozialen Umfeld zurück (vgl. Epping et al. 2001: 46). Besonders Langzeiterwerbslosen fehlt es sehr oft an Selbstvertrauen, da der Verlust der aktiven und produktiven Rolle innerhalb der Gesellschaft, das heißt der Wegfall der Arbeitsstelle, einen grundlegenden Einschnitt in den Status der jeweiligen betroffenen Person bedeutet. Gefühle von Nutzlosigkeit und Verzweiflung halten nun ein und führen langfristig zu einem Verlust des Selbstvertrauens, das nicht selten in Schamgefühl übergeht. Aus diesem Grund sind psychische Erkrankungen, wie beispielsweise Depressionen, häufig verbreitet unter Menschen, die bereits lange über keinen Arbeitsplatz mehr verfügen (vgl. Rogge 2013: 28).

Hilfemaßnahmen zur Wiedereingliederung Langzeitarbeitsloser – Förderung durch den Europäischen Sozialfonds (ESF) am Beispiel des „Bremer Geschichtenhauses"

Im Rahmen zahlreicher Förderungsprogramme der Europäischen Union, gibt es mit einem EU-weiten Sozialfonds, dem ESF, ein arbeitsmarktpolitisches Instrument, das speziell auf die Aus- und Weiterbildung, Bekämpfung von Arbeitslosigkeit und Armut, Projektarbeit und auf soziale Inklusion seiner Mitbürger*innen setzt und diese Schwerpunkte aktiv fördert (vgl. Europäischer Sozialfonds für Deutschland 2014). Die achte ESF-Förderperiode läuft seit 2014 bis zum Jahr 2020 und beinhaltet 25 ESF-Förderprogramme des Bundes, in dem sich ein gesondertes Programm für die Bekämpfung und Prävention von Langzeitarbeitslosigkeit befindet: Das „Programm zum Abbau von Langzeitarbeitslosigkeit" (Bundesministerium für Arbeit und Soziales 2016) der Bundesregierung wird zu 50% durch den ESF bezuschusst und richtet sich in einer Gesamthöhe von 885 Millionen Euro an Menschen, die mindestens zwei Jahre lang arbeitslos und 35 Jahre alt sind, „über keinen oder keinen verwertbaren Berufsabschluss verfügen und voraussichtlich nicht auf andere Weise in den allgemeinen Arbeitsmarkt eingegliedert werden können" (Bundesministerium für Arbeit und Soziales 2016).

Der Bund und die Bundesländer teilen sich die Summe des 2014 bereitgestellten Fonds von 7,5 Mrd. Euro separat auf. Hierbei erhält der Bund im Rahmen des Operationellen Programms[1] 2,689 Mrd. Euro, (35,9%) und die Administration der verbleibenden 4,8 Mrd. Euro (64,1%) übernehmen die Bundesländer (vgl. Europäischer Sozialfonds für Deutschland 2014). Trotz der prozentualen Verteilung wird noch einmal zwischen den Förderungsgebieten, ähnlich wie bei der Förderung durch den EFRE[2], unterschieden. Regionen in denen Entwicklung und Struktur noch im Rückstand sind, erfahren aus diesem Grund eine prozentual höhere Förderung durch den ESF.

Bremen ist das Bundesland mit der anteilig höchsten Quote von Langzeitarbeitslosen in Deutschland (4,8% in 2015) (vgl. Delfs et al. 2016: 13) und ist natürlich ebenso wie die 15

---

[1] „Das Operationelle Programm (ESF-Bundes-OP) beschreibt die Gesamtstrategie des Bundes für die Umsetzung des Europäischen Sozialfonds in Deutschland." (Europäischer Sozialfonds für Deutschland 2014).

[2] „Abk. für *Europäischer Fonds für Regionale Entwicklung*. 1. *Gegenstand:* Der EFRE ist das zentrale Element der Regionalpolitik bzw. Strukturpolitik der Europäischen Union (EU). […] Die Fondsmittel sind i.Allg. im Haushaltsplan der Gemeinschaft ausgewiesen." (Weerth und Winter o. J.)

anderen Bundesländer sehr darum bemüht seine Langzeiterwerbslosen in Arbeit zu bringen. In Bremen gibt es mit dem bras e.v. ein sozialintegratives Beschäftigungsprojekt, das seit 1983 arbeitssuchenden Menschen Chancen einräumt, wieder auf dem Arbeitsmarkt Fuß zu fassen.

In unterschiedlichen Arbeitsfeldern, dem Dienstleistungsbereich, dem Handwerk oder auch im kreativ-künstlerischen Bereich, sind durch die Förderung des ESF und das Jobcenter Bremen Möglichkeiten zur Arbeitsvermittlung Langzeitarbeitsloser entstanden. Wobei letztgenannter Arbeitsbereich, der kreativ-künstlerische, einen besonderen in Hinblick auf die Thematik dieser Hausarbeit darstellt, da im Bremer Geschichtenhaus, einem lebendigen Museum, Kreativität und Offenheit eine tragende Rolle spielen, Fähigkeiten die bei Menschen, welche über längere Zeit in keinem geregelten Arbeitsverhältnis mehr waren, wieder herausgefordert werden hervorzutreten und sich auch weiter zu entwickeln. „Im Bremer Geschichtenhaus erlernen TeilnehmerInnen unter professioneller Anleitung Grundlagen des szenischen Spiels […]" (bras e.V. o.J.), was den Umgang mit Menschen und die Aktivierung eigener Ressourcen fördert. Zudem wurde festgestellt, dass die langzeiterwerbslosen Teilnehmer*innen durch den spielerischen Berufseinstieg und die oft positive Resonanz der Besucher*innen, selbstbewusster und sicherer in ihrem Auftreten wurden. In einem Internet-Video von RTL Nord Studio Bremen bestätigt dies der Betriebsleiter des Bremer Geschichtenhauses, Ullrich Mickan mit folgenden Worten: „Das ist etwas was wir, äh, ich immer wieder mit Faszination erlebe, in welch kurzer Zeit wirklich jemand aufblüht. Und, äh, ein völlig anderer Mensch wird. […]" (Freyse und Kreitz 2015: 02'25"). Auch Teilnehmer des kreativen Bremer Wiedereingliederungsprojektes, wie Michael Csont, konnten bestätigen, dass sie durch das Beschäftigungsangebot im Bremer Geschichtenhaus insgesamt ermutigter, freudiger und vor allem selbstbewusster wurden: „Aus sich selber herausgehen, das lernt man hier im Geschichtenhaus auf jeden Fall. Sich selber weiterentwickeln […]" (Freyse und Kreitz 2015: 02'54").

Schlussbetrachtung ➔ Ausblick

Um an die in der Einleitung vorausgegangene Fragestellung anzuknüpfen, ob Wiedereingliederungsmaßnahmen und- Projekte auf dem deutschen Arbeitsmarkt eine sinnvolle Option für Langzeiterwerbslose sind, um deren Lebensqualität und Motivation zu verbessern und ihnen auf diese Weise mehr Chancen auf eine langfristige Beschäftigung einzuräumen, ist festzustellen, dass diese den Menschen dabei definitiv Hilfestellungen leisten in deren sozialem Leben wieder Teilhabe zu erfahren. Gerade wenn durch bestimmte Risikofaktoren die eigene Lebensexistenz stark gefährdet ist, die Lebensqualität und das Selbstvertrauen durch den Verlust des Arbeitsplatzes und das immerwährende erfolglose Bemühen um eine Erwerbstätigkeit zusätzlich massiv in Mitleidenschaft gezogen werden, ist es wichtig ein Licht, eine Hoffnung, am Ende des Tunnels erblicken zu können. Somit können Maßnahmen und Projekte der Arbeitsvermittlung, bei aller vorherrschenden Kritik, sehr wohl als Motivator und Stütze im Alltag für (Langzeit-)Erwerbslose fungieren.

Am 24.09.2017 ist die Wahl zum 19. Bundestag, die neue Regierung steht somit, nach ihrer Regierungsbildung, weiterhin vor der Mammutaufgabe die rund 1.000.000 Langzeiterwerbslosen in Arbeit zu bringen. Eine Aufgabe, die in Zeiten zunehmender Leiharbeit und der damit einhergehenden hohen Fluktuation auf dem deutschen Arbeitsmarkt, nicht leicht zu bewältigen sein wird.

Literaturverzeichnis

bras e.V. (Hrsg.) (o. J.): Bremer Geschichtenhaus. Bremer Stadtgeschichte erzählt und gespielt. http://bras-netzwerke.de/; [Abruf: 28.08.2017]

Bundesagentur für Arbeit (2017): Statistik/Arbeitsmarktberichterstattung. Berichte. Blickpunkt Arbeitsmarkt. Die Arbeitsmarktsituation von langzeitarbeitslosen Menschen 2016. Nürnberg.

Bundesministerium für Arbeit und Soziales (Hrsg.) (2016): Programm zum Abbau von Langzeitarbeitslosigkeit. Berlin. http://www.bmas.de/DE/Themen/Arbeitsmarkt/Modellprogramme/esf-programm-abbau-langzeitarbeitslosigkeit.html; [Abruf: 27.08.2017]

Delfs, Silke, Cornelia Hüser und Anton Klaus (2016): Langzeitarbeitslosigkeit in Deutschland, in: *ARCHIV für Wissenschaft und Praxis der sozialen Arbeit*, Jg. 47, Nr. 4, S. 4-13.

Epping, Rudolf, Rosemarie Klein und Gerhard Reutter (2001): Langzeitarbeitslosigkeit und berufliche Weiterbildung. Didaktisch-methodische Orientierungen. Bielefeld: Bertelsmann.

Europäischer Sozialfonds für Deutschland (Hrsg.) (2014): Das operationelle Programm des Bundes (2014-2020). Berlin. http://www.esf.de/portal/DE/Foerderperiode-2014-2020/ESF-Bundes-OP/inhalt.html; [Abruf: 27.08.2017]

Europäischer Sozialfonds für Deutschland (Hrsg.) (2014): Förderschwerpunkte 2014-2020. Berlin. http://www.esf.de/portal/DE/Foerderperiode-2014-2020/Foerderschwerpunkte/inhalt.html; [Abruf: 27.08.2017]

Freyse, Stefanie und Patrick Kreitz (2015): *Erzählte Legenden* [Internet-Video]. Bremen: RTL Nord. http://www.rtlnord.de/nachrichten/bremer-geschichtenhaus.html; [Abruf: 28.08.2017]

Rogge, Benedikt (2013): Wie uns Arbeitslosigkeit unter die Haut geht. Identitätsprozess und psychische Gesundheit bei Statuswechseln. Konstanz und München: UVK.

Weerth, Carsten und Eggert Winter (o. J.): Gabler Wirtschaftslexikon. Stichwort: EFRE, in: Springer Gabler Verlag (Hrsg.). http://wirtschaftslexikon.gabler.de/Archiv/6691/efre-v13.html; [Abruf: 27.08.2017]

BEI GRIN MACHT SICH IHR WISSEN BEZAHLT

- Wir veröffentlichen Ihre Hausarbeit, Bachelor- und Masterarbeit

- Ihr eigenes eBook und Buch - weltweit in allen wichtigen Shops

- Verdienen Sie an jedem Verkauf

Jetzt bei www.GRIN.com hochladen und kostenlos publizieren